RICO DESIGN

Gartenzwerge
Garden gnomes
Nains de jardin
Tuinkabouters

22

STICKIDEEN VON
EMBROIDERY IDEAS BY
IDÉES DE BRODERIE DE
BORDUURIDEETJES VAN

Aenn-Cl. Rehders & Michael Lindner

D1858955

Kreuzstich-Zählmuster immer von der Mitte aus beginnen.
Always started counted cross-stitch in the centre of the design.
Commencer à broder au centre du motif.
Begin altijd van het midden uit te borduren.

Bezugsquellen-Nachweis befindet sich auf der letzten Seite./List of material and supplies on last page.
Pour commander les fournitures, voir dernière page./Voor verkoopinformatie zie laatste pagina.

Design: 71754

Größe/Size/Dimensions/Afmeting: 90/90 cm, Art. Q 210

Aidaband/aida band/bande aida/aidaband: 12/170 cm, Art. 21174806

Satinband rot/red ribbon/ruban rouge/rode lint: 120 cm, Art. 22015 722

Satinband grün/green ribbon/ruban vert/groene lint: 120 cm, Art. 22006 443

Schleifenmotiv
design for bow
motif pour le noeud
motief voor het strikje

Motiv-Mitte/centre of design/centre du motif/
midden van het motief

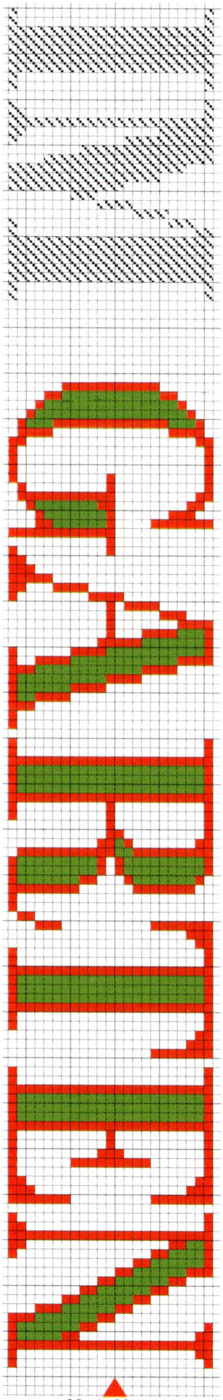

Motiv-Mitte
centre of design
centre du motif
midden van het motief

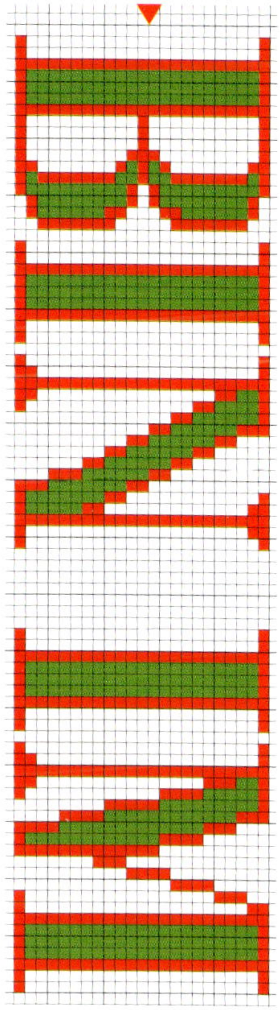

Stickbeginn 10 cm von der Schnittkante.
Begin stitching 10 cm from the cut edge.
Commencer la broderie à 10 cm du bord.
Begin met borduren 10 cm vanaf de kant.

Sticktwist und Garnverbrauch auf Seite 5.
For amount of thread required in meters and skeins see page 5.
Fournitures et mètrage du fil voir page 5.
Benodigd garen in strengen en meters op blz 5.

Deckenmotiv
Design for tablecloth
Motif de la nappe
Motief voor het tafelkleed

Motiv-Mitte/centre of design

Eckmotiv/Corner design/Motif d' angle/Hoekmotief

motif/midden van het motief

icktwist und Garnverbrauch in ganzen Strängchen und Metern/
mount of thread required in skeins and meters
ournitures et métrage du fil/Benodigd garen in strengen en meters

	Decke/tablecloth nappe/tafelkleed	Schleife/bow noeud/strikje
1 weiß/white/blanc/wit	2 x	2 m
4146	1 x	2 m
295	2 x	2 m
303	2 x	2 m
46	2 x	7 m
• **20**	2 x	2 m
130	1 x	2 m
131	1 x	2 m
255	3 x	3 m
258	3 x	7 m
246	1 x	2 m
374	3 x	3 m
358	2 x	2 m
398	1 x	2 m
235	1 x	2 m
• **403**	2 x	2 m

Anchor Sticktwist von COATS Coats Mez

Schleife/bow/noeud/strikje
2-fädig sticken/ • Konturen 1-fädig
Stitch using 2 strands of embroidery thread/
• use 1 strand for back-stitch
A broder avec 2 brins/ • contours avec 1 brin
Met 2 draadjes splijtgaren borduren/
• stiksteken met 1 draadje

Decke/tablecloth/nappe/tafelkleed
3-fädig sticken/ • Konturen 1-fädig
Stitch using 3 strands of embroidery thread/
• use 1 strand for back-stitch
A broder avec 3 brins/
• contours avec 1 brin
Met 3 draadjes splijtgaren borduren/
• stiksteken met 1 draadje

Design: 71755 • Design: 71756 • Design: 71757
Größe/Size/Dimensions/Afmeting: 40/40 cm
Aida-Stickstoff-Zuschnitt/aida material/toile aida/aida stof: 60/60 cm, Art. 17232.11.97
Rückwand und Blenden-Zuschnitt/Material required for backing and borders/Fournitures pour le coupe dos et bande d'angle/Benodigd materiaal voor achterkant en rand: 50/85 cm, Art. Q 13 • Q 14 • Q 49

Design: 71755

Motiv-Mitte/centre of design/centre du motif/midden van het motief

ktwist und Garnverbrauch in ganzen Strängchen
ount of thread required in skeins
rnitures du fil
odigd garen in strengen

1 weiß/white/blanc/wit	1 x		
4146	1 x		
1022	1 x	130	1 x
46	2 x	131	1 x
20	1 x	370	1 x
295	2 x	398	1 x
255	1 x	235	1 x
258	3 x	403	1 x

Anchor Sticktwist von Coats Mez

Bitte beachten, Webekante unten.
Please note, selvedges at the bottom.
Attention, la lisière se trouve au dessous.
Opletten, weefkant onder.

Nähanleitung S. 35/36
Sewing instructions on p. 35/36
Instructions de couture p. 35/36
Naai-instructies op pagina 35/36

Mit ganzem Faden sticken/ • Konturen 2-fädig
Use 6 strands of thread/ • use 2 strands for back-stitch
Broder avec 6 brins de Mouliné/ • contours avec 2 brins
Met 6 draden borduren/ • stiksteken met 2 draadjes

Design: 71756

Motiv-Mitte/centre of design/centre du motif/midden van het motief

Sticktwist und Garnverbrauch in ganzen Strängchen
Amount of thread required in skeins
Fournitures du fil
Benodigd garen in strengen

1 weiß/white/blanc/wit	1 x			
4146	1 x		131	1 x
1022	1 x		255	1 x
297	1 x		258	3 x
303	1 x		369	1 x
46	1 x		370	1 x
20	1 x		398	1 x
130	2 x		403	1 x

Anchor Sticktwist von Coats Mez

Bitte beachten, Webekante unten.
Please note, selvedges at the bottom.
Attention, la lisière se trouve au dessous.
Opletten, weefkant onder.

Nähanleitung S. 35/36
Sewing instructions on p. 35/36
Instructions de couture p. 35/36
Naai-instructies op pagina 35/36

Mit ganzem Faden sticken/ • Konturen 2-fädig
Use 6 strands of thread/ • use 2 strands for back-stitch
Broder avec 6 brins de Mouliné/ • contours avec 2 brin
Met 6 draden borduren/ • stiksteken met 2 draadjes

Design: 71757

Motiv-Mitte/centre of design/centre du motif/midden van het motief

Sticktwist und Garnverbrauch in ganzen Strängchen
amount of thread required in skeins
fournitures du fil
benodigd garen in strengen

1 weiß/white/blanc/wit	1 x	
4146	1 x	
1022	1 x	
46	2 x	
20	1 x	
297	1 x	
255	1 x	
258	2 x	
130	2 x	
131	1 x	
398	1 x	
235	1 x	
403	1 x	

Anchor Sticktwist von Coats Mez

Bitte beachten, Webekante unten.
Please note, selvedges at the bottom.
Attention, la lisière se trouve au dessous.
Opletten, weefkant onder.

Nähanleitung S. 35/36
Sewing instructions on p. 35/36
Instructions de couture p. 35/36
Naai-instructies op pagina 35/36

Mit ganzem Faden sticken/ • Konturen 2-fädig
Use 6 strands of thread/ • use 2 strands for back-stitch
Broder avec 6 brins de Mouliné/ • contours avec 2 brins
Met 6 draden borduren/ • stiksteken met 2 draadjes

Design: 71758
Größe/Size/Dimensions/Afmeting: 80/100 cm
Zuschnitt/Material/Fournitures/Materiaal: 85/100 cm, Art. Q 13
Schrägband/bias binding/biais/biaisband: 3 cm, Art. 78075.00.00

Nähanleitung S. 34/35
Sewing instructions on p. 34/35
Instructions de couture p. 34/35
Naai-instructies op pagina 34/35

ickbeginn 7 cm von der oberen Kante.
egin stitching 7 cm from the top edge.
ommencer la broderie à 7 cm du bord supérieur.
egin met borduren 7 cm vanaf de bovenkant.

Motiv-Mitte/centre of design/centre du motif/midden van het motief

icktwist und Garnverbrauch in ganzen Metern
mount of thread required in meters
urnitures métrage
enodigd garen in meters

1 weiß/white/blanc/wit	3 m		
4146	4 m	20	3 m
1022	3 m	130	7 m
297	6 m	131	3 m
303	4 m	398	3 m
46	10 m	403	4 m

Anchor von Coats Mez
Sticktwist

4-fädig über 4 Gewebefäden sticken/ • Konturen 2-fädig
Stitch over 4 threads, using 4 strands of embroidery thread • use 2 strands for back-stitch
A broder sur 4 x 4 fils de trame, avec 4 brins de Mouliné • contours avec 2 brins
Met 4 draadjes splijtgaren over 4 weefseldraden borduren • stiksteken met 2 draadjes

Design: 77001, Art. 740022.18 grün/green/vert/groen, 50/100 cm
Design: 77002, Art. 740023.18 gelb/yellow/jaune/geel, 50/100 cm
Frottier-Handtücher/Towels/Serviettes éponges/Handdoeken
100 % Baumwolle/100 % cotton/100 % coton/100 % katoen

Stitch using 3 strands of embroidery thread/ • use 1 strand for back-stitch
A broder avec 3 brins/ • contours avec 1 brin
Met 3 draadjes splijtgaren borduren/ • stiksteken met 1 draadje

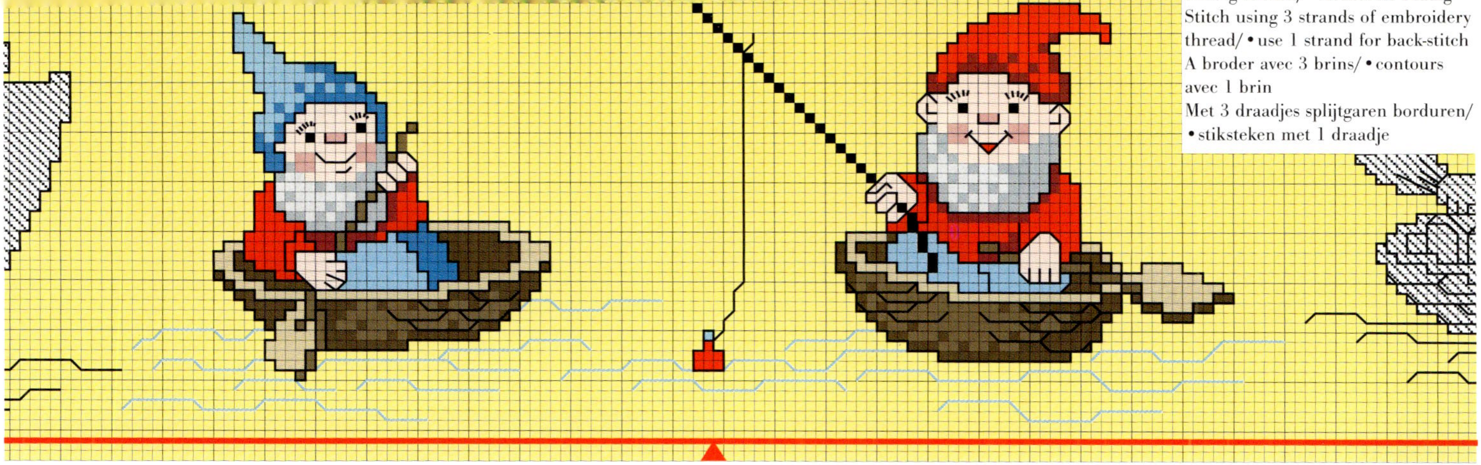

Motiv-Mitte/centre of design/centre du motif/midden van het motief

Linker Motivansatz/Left design overlap/
Continuation à gauche du motif/Linker vervolg van het motief

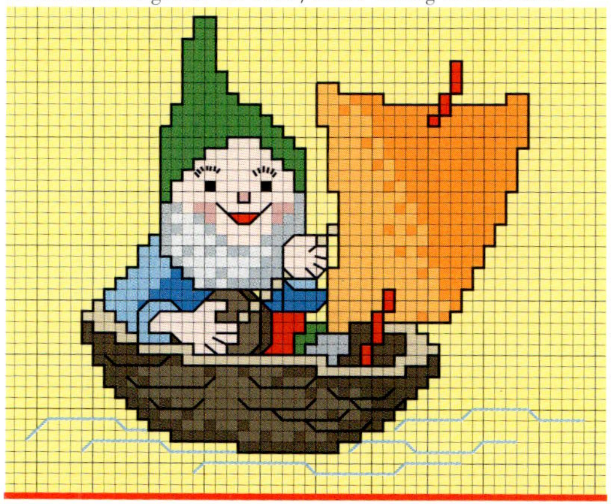

Sticktwist und Garnverbrauch in ganzen Metern
Amount of thread required in meters
Fournitures métrage
Benodigd garen in meters

1 weiß/white/blanc/wit	2 m		
303	3 m	131	2 m
316	3 m	256	3 m
46	3 m	372	4 m
20	2 m	374	4 m
4146	4 m	944	4 m
1022	2 m	398	3 m
130	4 m	403	4 m

Anchor Sticktwist von Coats Mez

Rechter Motivansatz/Right design overlap
Continuation à droite du motif/Rechter vervolg van het motief

Design: 71759, Größe/Size/Dimensions/Afmeting: 90/90 cm, Q 182
Design: 71159 rot/red/rouge/rood: 27/37 cm, Q 14,
Design: 71760 grün/green/vert/groen: 27/37 cm, Q 13
Design: 71761 blau/blue/bleu/blauw: 27/37 cm, Q 49
Zuschnitte/material/fourniture/materiaal: Beutel/bag/sac/zak: 30/85 cm
Aidaband/aida band/bande aida/aidaband: 7,5/30 cm, Art. 20074.00.01
Satinband/ribbon/ruban/lint: 2 x 75 cm, Art. 22006 722 • 22006 443 • 22006 200

Design: 71760

Motiv-Mitte/centre of design/centre du motif/midden van het motief

Sticktwist und Garnverbrauch in ganzen Metern
Amount of thread required in meters
Fournitures métrage
Benodigd garen in meters

1 weiß/white/blanc/wit	4 m		
4146	3 m	258	2 m
1022	2 m	130	3 m
293	3 m	131	2 m
297	3 m	347	3 m
316	2 m	349	3 m
46	4 m	398	3 m
20	3 m	235	2 m
255	3 m	403	7 m

3-fädig über 3 Gewebefäden sticken
• Konturen 2-fädig
Stitch over 3 threads, using 3 strands of embroidery thread
• use 2 strands for back-stitch
A broder sur 3 x 3 fils de trame, avec 3 brins de Mouliné
• contours avec 2 brins
Met 3 draadjes splijtgaren over 3 weefseldraden borduren
• steksteken met 2 draadjes

Anchor von Coats Mez
Sticktwist

icktwist und Garnverbrauch in ganzen Metern
mount of thread required in meters
urnitures métrage
enodigd garen in meters

1 weiß/white/blanc/wit	3 m		
4146	3 m		
1022	2 m	255	2 m
297	3 m	258	2 m
316	3 m	347	3 m
46	6 m	349	3 m
20	3 m	398	2 m
130	3 m	235	2 m
131	2 m	403	6 m

ickbeginn 5,5 cm von der Bruchkante.
egin stitching 5,5 cm from the fold.
ommencer la broderie à 5,5 cm du pli.
egin met borduren 5,5 cm vanaf de vouw.

Design: 71761

Motiv-Mitte/centre of design/centre du motif/midden van het motief

Deckenmotiv
Design for tablecloth
Motif de la nappe
Motief voor het tafelkleed

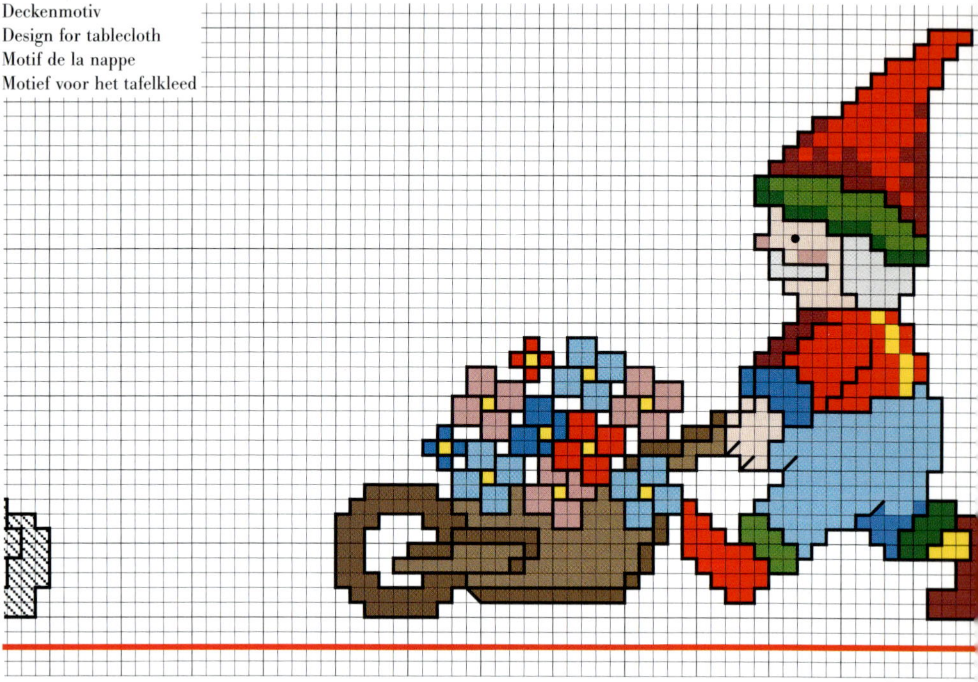

Motiv-Mitte

Eckmotiv/Corner design/Motif d' angle/Hoekmotief

Deckenmotiv
Design for tablecloth
Motif de la nappe
Motief voor het tafelkleed

3-fädig sticken/ • Konturen 1-fädig
Stitch using 3 strands of embroidery thread/ • use 1 strand for back-stitch
A broder avec 3 brins/ • contours avec 1 brin
Met 3 draadjes splijtgaren borduren/ • stiksteken met 1 draadje

esign/centre du motif/midden van het motief

ticktwist und Garnverbrauch in ganzen Strängchen und Metern/
amount of thread required in skeins and meters
ournitures et métrage du fil/Benodigd garen in strengen en meters

	Decke/tablecloth nappe/tafelkleed	Beutel/bag sac/zak
1 weiß/white/blanc/wit	1 x	2 m
4146	1 x	2 m
1022	1 x	2 m
297	1 x	2 m
46	3 x	3 m
20	2 x	2 m
130	3 x	3 m

Anchor Sticktwist von Coats Mez

	Decke/tablecloth nappe/tafelkleed	Beutel/bag sac/zak
131	1 x	2 m
255	1 x	2 m
258	1 x	2 m
369	2 x	3 m
370	2 x	3 m
403	2 x	3 m

Beutelmotiv/Design for bag
Motif pour le sac/
Motief voor de zak

2-fädig sticken/ • Konturen 1-fädig
Stitch using 2 strands of embroidery thread/ • use 1 strand for back-stitch
A broder avec 2 brins/ • contours avec 1 brin
Met 2 draadjes splijtgaren borduren/ • stiksteken met 1 draadje

Motiv-Mitte/centre of design/centre du motif/midden van het motief

esign: 71759
eutelmotiv
esign for bag
otif pour le sac
otief voor de zak

Design: 71762
Größe/size/dimensions/afmeting: 40/50 cm, Zuschnitt/material/fourniture/materiaal: 53/60 cm, Art. 17231.11.97
Bilderrahmen – Holzleiste rot/red wooden frame/cadre rouge en bois/rode houtenlijst: 40/50 cm, Art. 05041.02.63

Motiv-Mitte/centre of design/centre du motif/midden van het motief

icktwist und Garnverbrauch in ganzen Strängchen
mount of thread required in skeins
urnitures du fil
enodigd garen in strengen

330	1 x	46	3 x
255	2 x	258	2 x

Anchor Sticktwist von Coats Mez

2-fädig sticken
Stitch using 2 strands of embroidery thread
A broder avec 2 brins
Met 2 draadjes splijtgaren borduren

Design: 71763
Leinenband grün/rot Zuschnitt: 7/180 cm/materials: linen band green/red: 7/180 cm/
Fournitures: bande de lin vert/rouge: 7/180 cm/Materiaal: Linnen borduurband groen/rood 7/180 cm
Art. 20005.00.03

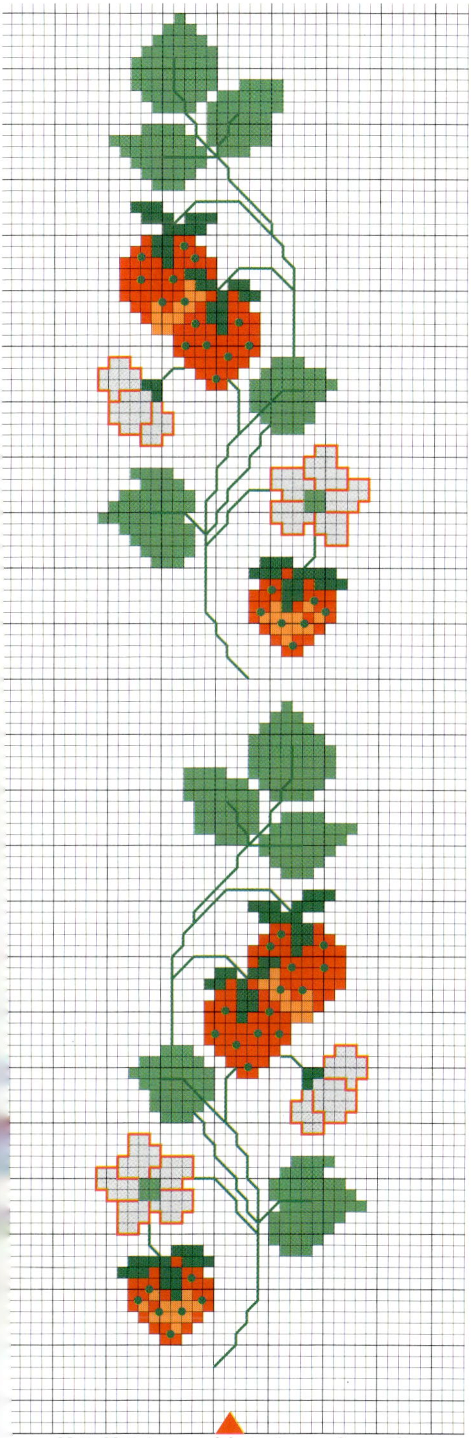

Motiv-Mitte/centre of design/centre du motif/
midden van het motief

Sticktwist und Garnverbrauch in ganzen Metern
Amount of thread required in meters
Fournitures métrage
Benodigd garen in meters

1 weiß/white/blanc/wit	3 m
330	2 m
46	4 m
242	6 m
244	4 m

Anchor Sticktwist von Coats Mez

2-fädig über 2 Gewebefäden sticken
Stitch over 2 threads, using 2 strands of embroidery thread
A broder sur 2 x 2 fils de trame, avec 2 brins de Mouliné
Met 2 draadjes splijtgaren over 2 weefseldraden borduren

Stickbeginn 6 cm von der unteren Schnittkante.
Begin stitching 6 cm from the cut edge.
Commencer la broderie à 6 cm du bord bas.
Begin met borduren 6 cm vanaf de onderkant.

Design: 71764 • Design: 71765 • Design: 71766
Größe/Size/Dimensions/Afmeting: 18/24 cm
Zuschnitt/material/fournitures/materiaal: 26/34 cm, Art. 17231.11.97
Bilderrahmen – Holzleiste rot/red wooden frame/cadre rouge en bois/rode houtenlijst: 18/24 cm, Art. 01308.01.03

ıcktwist und Garnverbrauch in ganzen Metern
ıount of thread required in meters
ʼurnitures métrage
ınodigd garen in meters

1 weiß/white/blanc/wit 2 m		295 2 m	371 2 m
4146 2 m	119 2 m	242 3 m	360 2 m
46 3 m	130 3 m	255 6 m	398 2 m
20 2 m	131 2 m	258 3 m	403 2 m

Anchor von Coats Mez
Sticktwist

2-fädig sticken/ • Konturen 1-fädig
Stitch using 2 strands of embroidery thread/
• use 1 strand for back-stitch
A broder avec 2 brins/ • contours avec 1 brin
Met 2 draadjes splijtgaren borduren/
• stiksteken met 1 draadje

Sticktwist und Garnverbrauch in ganzen Metern
Amount of thread required in meters
Fournitures métrage
Benodigd garen in meters

1 weiß/white/blanc/wit	2 m
4146	2 m
1022	2 m
46	2 m
20	2 m
130	2 m
131	2 m
254	10 m
256	6 m
245	2 m
307	2 m
309	2 m
371	4 m
360	3 m
398	2 m
403	2 m

Anchor von Coats Mez
Sticktwist

2-fädig sticken/ • Konturen 1-fädig
Stitch using 2 strands of embroidery thread/ • use 1 strand for back-stitch
A broder avec 2 brins/ • contours avec 1 brin
Met 2 draadjes splijtgaren borduren/ • stiksteken met 1 draadje

ıcktwist und Garnverbrauch in ganzen Metern
ıount of thread required in meters
ırnitures métrage
nodigd garen in meters

Anchor von Coats Mez
Sticktwist

1 weiß/white/blanc/wit			2 m	131	2 m	371	3 m
4146	2 m	316	2 m	254	6 m	360	2 m
301	2 m	46	2 m	256	6 m	398	2 m
306	2 m	130	2 m	245	3 m	403	2 m

2-fädig sticken/ • Konturen 1-fädig
Stitch using 2 strands of embroidery thread/
• use 1 strand for back-stitch
A broder avec 2 brins/ • contours avec 1 brin
Met 2 draadjes splijtgaren borduren/
• stiksteken met 1 draadje

Design: 71767

Größe/size/dimensions/afmeting: 90/90 cm, Art. Q 208

Größe/size/dimensions/afmeting: 10/15 cm, Beutel grün/small green bag/petit sac vert/groene zakje: Art. 20006.00.03

Größe/size/dimensions/afmeting: 10/15 cm, Beutel rot/small red bag/petit sac rouge/rode zakje: Art. 20006.00.02, Zuschnitt: / material / fournitures / materiaal: 10/35 cm

Satinband rot/red ribbon/ruban rouge/rode lint: 50 cm, Art. 22006 722

Satinband grün/green ribbon/ruban vert/groene lint: 50 cm, Art. 22006 443

Motiv-Mitte/centre of design/centre du motif/midden van het motief

Motive für die Säckchen
Designs for small bags
Motifs pour les petits sacs
Motieven voor zakjes

Sticktwist und Garnverbrauch in ganzen Metern
Amount of thread required in meters
Fournitures métrage
Benodigd garen in meters

1 weiß/white/blanc/wit	1 m		
4146	1 m		
1022	1 m	242	2 m
297	1 m	244	1 m
303	1 m	130	1 m
46	1 m	398	1 m
20	1 m	403	1 m

Anchor Sticktwist von Coats Mez

ickt wist und Garnverbrauch in ganzen Metern
mount of thread required in meters
ournitures métrage
enodigd garen in meters

1 weiß/white/blanc/wit	1 m		
4146	1 m		
1022	1 m	242	1 m
297	1 m	130	1 m
303	1 m	131	1 m
46	2 m	398	1 m
20	1 m	403	1 m

fädig über 2 Gewebefäden sticken/ • Konturen 1-fädig
itch over 2 threads, using 2 strands of embroidery
read/ • use 1 strand for back-stitch
broder sur 2 x 2 fils de trame, avec 2 brins de
ouliné/ • contours avec 1 brin
et 2 draadjes splijtgaren over 2 weefseldraden
orduren/ • stiksteken met 1 draadje

ickbeginn 8 Kästchen von der Bruchkante.
gin stitching 8 squares from the fold.
mmencer la broderie à 8 carreaux du pli.
gin met borduren 8 hokjes vanaf de vouw.

Motiv-Mitte/centre of design/centre du motif/midden van het motief

Deckenmotiv
Design for tablecloth
Motif de la nappe
Motief voor het tafelkleed

Motiv-Mitte/centre of des

Eckmotiv/Corner design/Motif d' angle/Hoekmotief

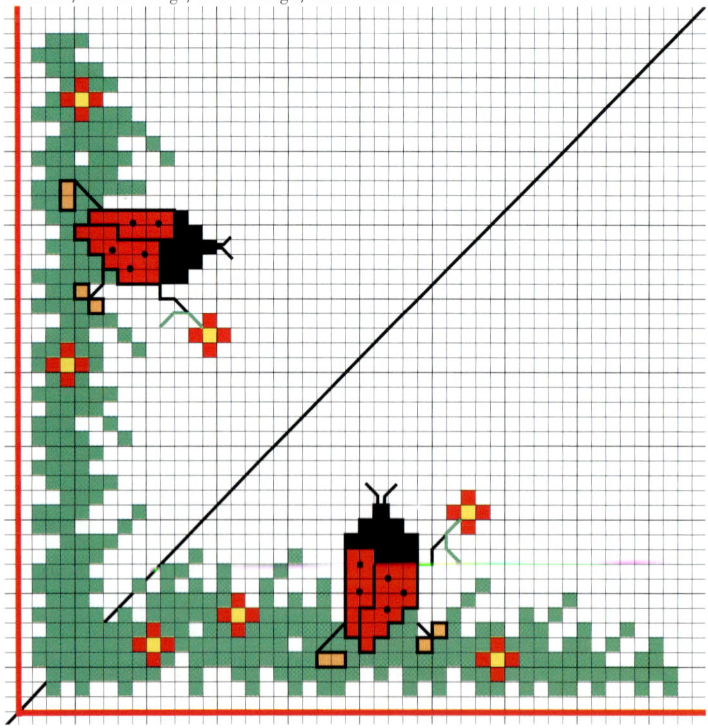

Decke/tablecloth
nappe/tafelkleed
3-fädig sticken/ • Konturen 1-fädig
Stitch using 3 strands of embroidery thread/ • use 1 strand for back-stitch
A broder avec 3 brins/ • contours avec 1 brin
Met 3 draadjes splijtgaren borduren/ • stiksteken met 1 draadje

Säckchen/small bag
petits sacs/zakje
2-fädig über 2 Gewebefäden sticken/ • Konturen 1-fädig
Stitch over 2 threads, using 2 strands of embroidery thread/ • use 1 strand for back-stitch
A broder sur 2 x 2 fils de tram avec 2 brins de Mouliné/ • contours avec 1 brin
Met 2 draadjes splijtgaren over 2 weefseldraden borduren/ • stiksteken met 1 draadje

motif/midden van het motief

Anchor von Sticktwist Coats Mez

Säckchen/small bag/petit sac/zakje

Motiv-Mitte/centre of design/centre du motif/midden van het motief

ktwist und Garnverbrauch in ganzen Strängchen und Metern
ount of thread required in skeins and meters
rnitures et métrage du fil
oodigd garen in strengen en meters

	Decke tablecloth nappe tafelkleed	Säckchen small bag petit sac zakje
1 weiß/white/blanc/wit	1 x	1 m
4146	1 x	1 m
1022	1 x	1 m
297	2 x	1 m
303	1 x	1 m
46	2 x	1 m
20	1 x	1 m
242	5 x	2 m
244	1 x	1 m
130	1 x	1 m
131	1 x	1 m
398	1 x	1 m
403	1 x	1 m

kbeginn 8 Kästchen von der Bruchkante. →
in stitching 8 squares from the fold.
nmencer la broderie à 8 carreaux du pli.
in met borduren 8 hokjes vanaf de vouw.

Design: 71768
Größe/size/dimensions/afmeting: 38/40 cm,
Zuschnitt/material/fournitures/materiaal: 52/85 cm, Art. Q 49

ihanleitung S. 34/35
wing instructions on p. 34/35
structions de couture p. 34/35
ai-instructies op pagina 34/35

Stickbeginn 3,5 cm von der Bruchkante.
Begin stitching 3,5 cm from the fold.
Commencer la broderie à 3,5 cm du pli.
Begin met borduren 3,5 cm vanaf de vouw.

Motiv-Mitte/centre of design/centre du motif/midden van het motief

ktwist und Garnverbrauch in ganzen Metern
ount of thread required in meters
rnitures métrage
odigd garen in meters

1 weiß/white/blanc/wit	3 m		
4146	4 m	20	3 m
1022	3 m	255	7 m
297	6 m	258	3 m
303	4 m	398	3 m
46	10 m	403	4 m

Anchor von Coats Mez
Sticktwist

4-fädig über 4 Gewebefäden sticken/ • Konturen 2-fädig
Stitch over 4 threads, using 4 strands of embroidery thread
• use 2 strands for back-stitch
A broder sur 4 x 4 fils de trame, avec 4 brins de Mouliné
• contours avec 2 brins
Met 4 draadjes splijtgaren over 4 weefseldraden borduren
• stiksteken met 2 draadjes

Nähanleitung/Sewing instructions/ Instructions de couture/Naai-instructies

RICCO DESIGN

Zuschnitt für die Gartenzwergschürze/Material required for the apron/ Coupe du tablier jardinier/Benodigd materiaal schort: 85 x 100 cm
Paspel/bias binding/biais/biaisband: 6,5 m

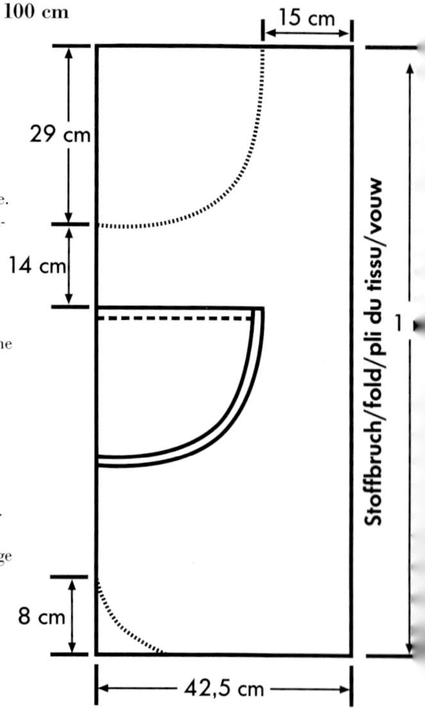

1.
D– Den Stoff der Länge nach zusammenlegen und aus den offenen Ecken die Taschen herausschneiden.
GB– Fold the material double lengthwise. For the pockets cut out a curved piece at the top as shown.
F– Plier le tissu dans le sens de la longueur et couper les poches dans l'angle.
NL– Vouw de stof in de lengte dubbel en knip bij de open hoeken de opnaaizakken weg.

2.
D– Die Taschen an den oberen Kanten 1,5 cm breit säumen und auf den Bogen ein Paspelband nähen.
GB– Turn the tops of the pockets down 1,5 cm and machine stitch. Stitch the bias binding along the curved edge.
F– Faire un ourlet de 1.5 cm sur la partie supérieure de la poche et poser le biais dans la partie arrondie.
NL– De zakken aan de bovenkant 1.5 cm breed zomen en op de ronde kant biaisband zetten.

3.
D– Nun die Taschen auf die Schürze nähen. Zuletzt die Schürze umpaspeln. Paspel auch als Schürzenbänder verwenden.
GB– Sew the pockets onto the apron. Sew the bias binding all round the edge of apron. Use bias bind for strap and apron ties.
F– Coudre les poches sur le tablier, ensuite poser le biais en laissant la longueur necéssaire pour la noeud.
NL– Nu de zakken op de schort naaien. Tot slot de schort met biaisband afwerken. Voor de schortbanden biaisband gebruiken.

Taschenzuschnitt/Material required for the carrier bag/Coupe du sac/Patroon draagtas

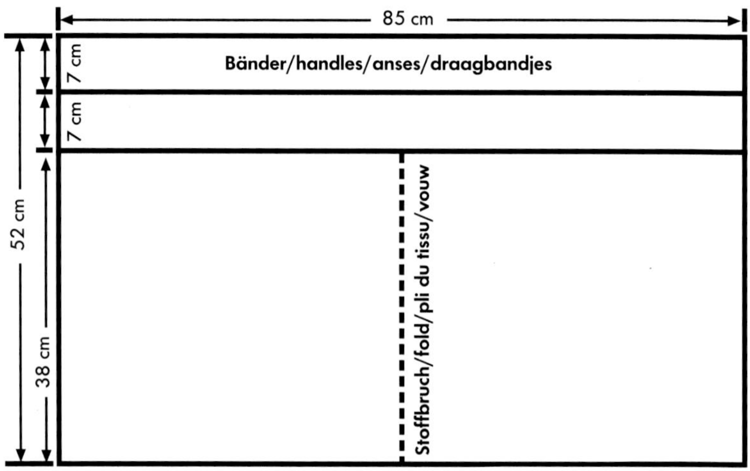

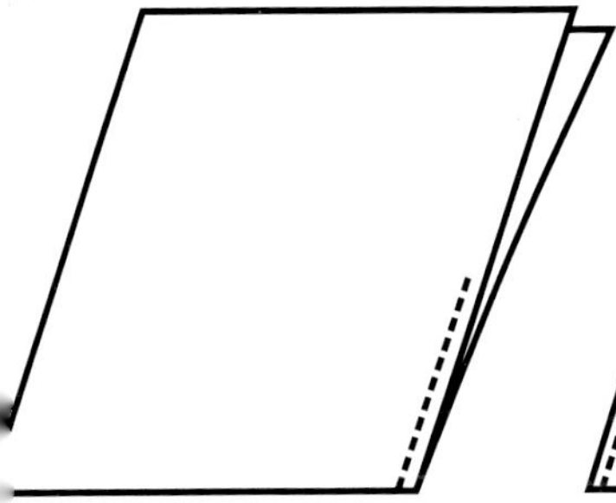

2.

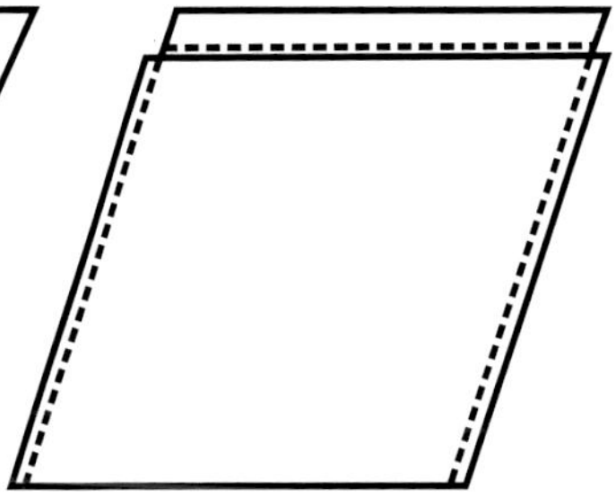

3.

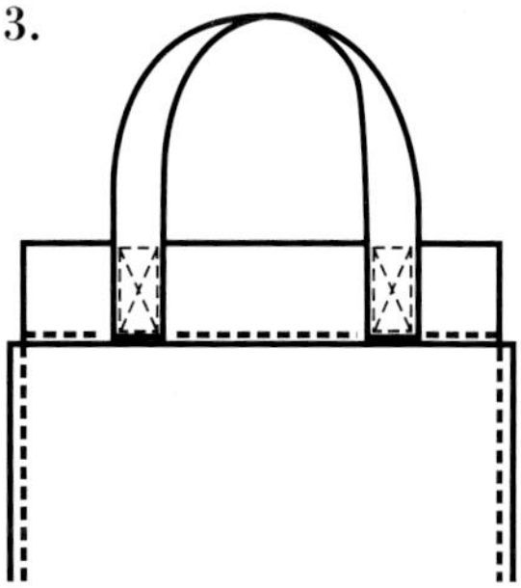

- Die Seiten von der linken Seite sammennähen.
B– With right sides together, machistitch the side seams.
- Assembler les bords à partir du té gauche.
L– Beide delen buitenkant binnen, n elkaar zetten.

D– Nun die obere Kante der Tasche 2 cm umschlagen und festnähen.
GB– Turn down 2 cm along the top of the bag and machine stitch.
F– Rabattre le bord supériéur de 2 cm et faire la couture.
NL– Aan de bovenzijde 2 cm omslaan en vastnaaien.

D– Die Träger auf den Saum nähen und kreuzweise feststeppen. Nun die Tasche auf die rechte Seite drehen.

GB– Machine stitch the handles onto the top of the bag, sewing crosswise as shown. Tum the bag right side out.

F– Coudre les anses sur l'ourlet par un arrêt, retourner le sac à l'endroit.

NL– De draagbandjes op de zoom naaien zoals afgebeeld. Draai de tas nu naar buiten.

ssen-Konfektionierung 40/40 cm mit 4 cm Spiegel
aking a self-bordered cushion cover (border 4 cm). Seam allowance = 1 cm
nfection de coussin 40/40 cm avec 4 cm bordure d'angle (1 cm de couture compris dans les données)
erkwijze voor kussen met 4 cm rand.

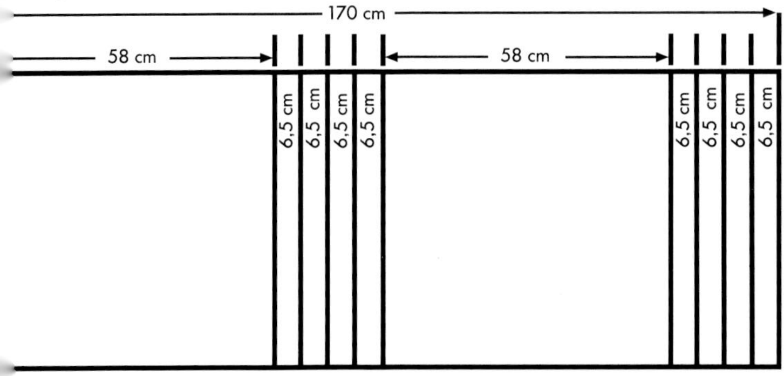

D– Zuschnitt für 2 Kissen mit 4 cm Spiegel (Rückwand und Spiegel)
GB– Material required for 2 self-bordered cushion covers (backing and border of 4 cm)
F– Coupe pour 2 coussins avec 4 cm bordure d'angle (dos et bordure)
NL– Benodigde stof voor 2 kussens met 4 cm rand (achterkant en rand)

Rückwand 50/58 cm/Backing 50/58 cm/ Dos 50/58 cm/achterkant 50/58 cm

Vorderseite auf 42/42 cm schnei-
3– Trim embroidery down to 42 cm square
Couper devant sur 42 cm
– Voorkant op maat 42 cm knippen

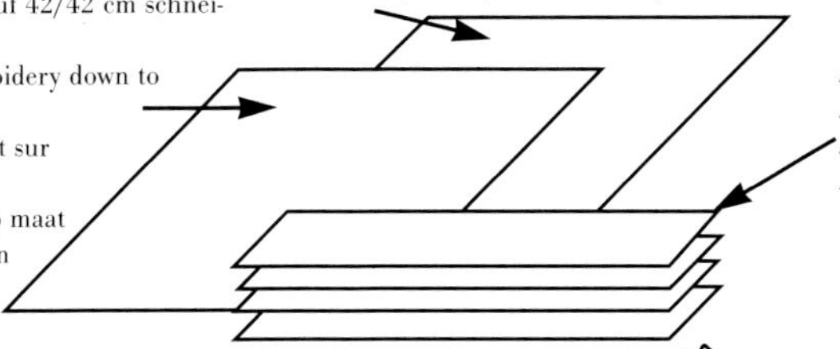

4 Streifen a 6,5 x 50 cm
4 strips a 6,5 x 50 cm
4 bandes a 6,5 x 50 cm
4 rand a 6,5 x 50 cm

2.

D– Zuerst die Ecken nähen.
GB– To make the embroidery, join the 4 strips together, seaming diagonally as shown.
F– Assembler d'abord les coins.
NL– Stik de hoeken schuin op elkaar.

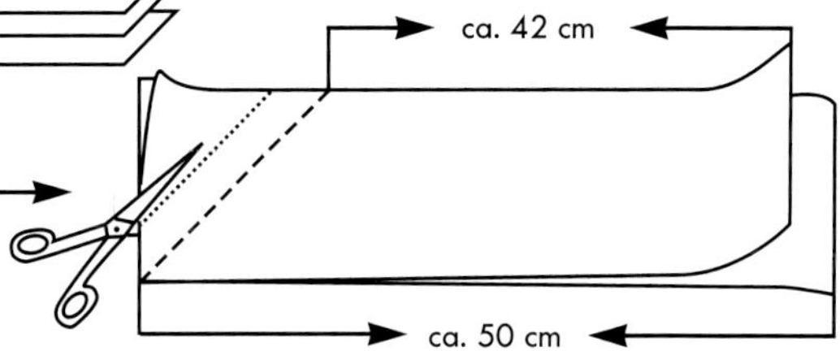

3.

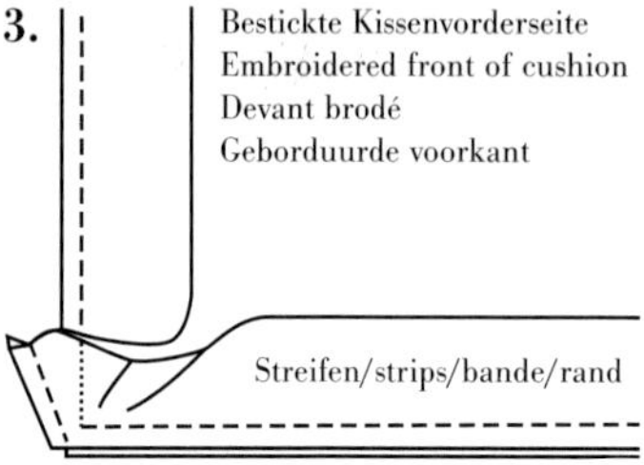

D– Die fertiggenähte Kissenumrandung mit der rechten Seite auf die Kissenvorderseite nähen. Anschließend umklappen und die Naht ausbügeln.
GB– With right sides together, machine stitch the border onto the embroidery. Turn right side out and press.
F– Poser la bordure d'angle sur devant brodé, ensuite retourner et ouvir la couture au fer à repasser.
NL– Met de goede kanten op elkaar, stik met 1 cm naad het kussenrand op de geborduurde lapje. Keer het voorkant, strijken.

5.

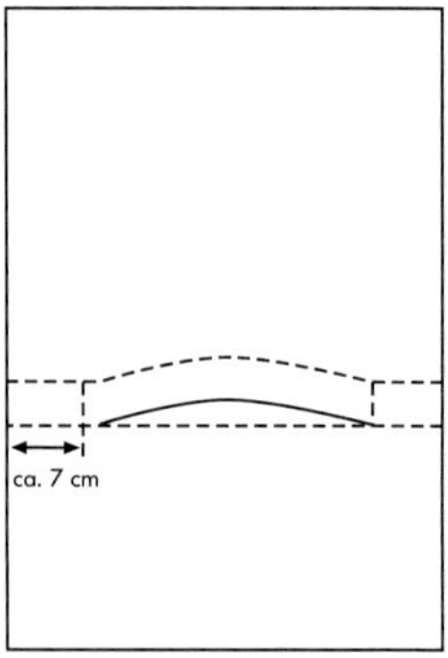

D– Die Saumnähte der Rückwand übereinander legen und an den Seiten ca. 7 cm zusammennähen.

GB– For the opening, lay the 2 hemmed edges on top of each other with right sides together and machine stitch about 7 cm from the edge into the main panel.

F– Superposer les ourlets du dos et fermer sur 7 cm de chaque côté.

NL– De zoomnaden van hat achterdeel aan de kanten ca. 7 cm vastzetten.

7.

D– Zuletzt an der inneren Spiegelkante, Rückwand und Vorderseite zusammensteppen.
GB– To complete the self border, machine stitch on the inside of the seam between front panel and edging.
F– Assembler la bordure d'angle avec le coussin.
NL– Tot slot aan de binnenrand, achterkant en voorzijde vastzetten.

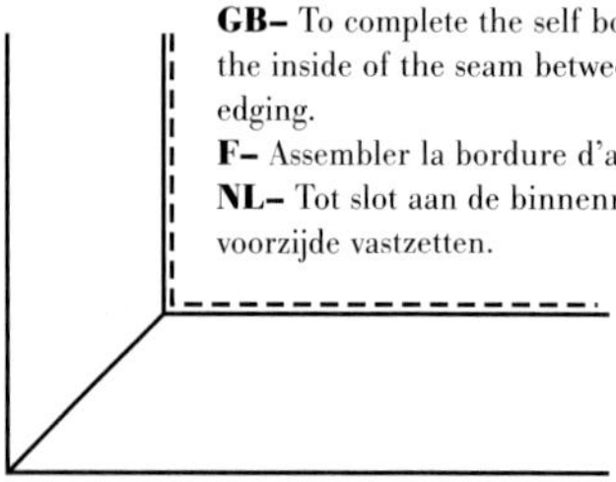

4.

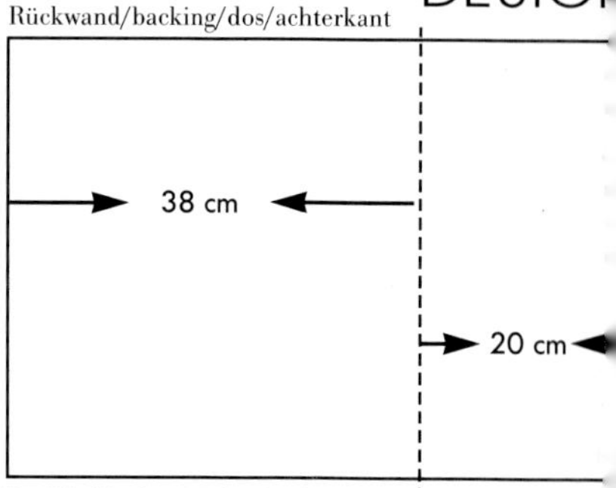

D– Die Rückwand durchschneiden. An den Schnittkan ca. 2 cm säumen.
GB– Cut the backing into 2 pieces. Turn down 2 cm o each cut edge and machine stitch.
F– Couper le dos, faire un ourlet de 2 cm sur la ligne c coupe.
NL– Knip uit de stof 2 lappen. Aan de lange kant van beide lappen 2 cm inslaan en stikken.

6.

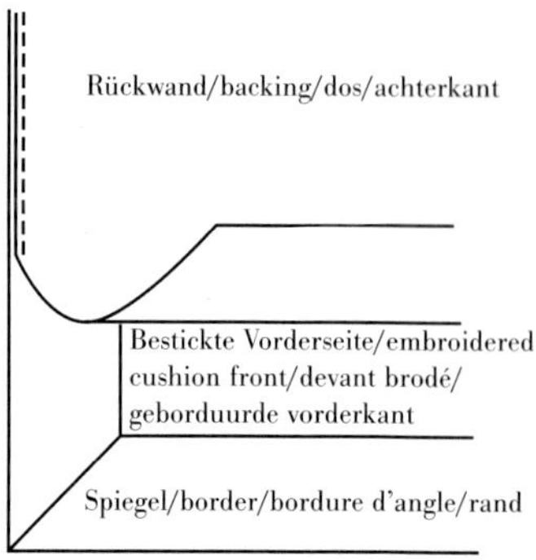

D– Die Vorderseite und die Rückwand rechts auf recht legen und rundherum zusammennähen. Dann das Kiss wenden.
GB– With right sides together, machine stitch the fron and backing together. Turn right side out.
F– Superposer devant et dos, endroit sur endroit, et assembler. Retourner le coussin.
NL– De voor- en achterkant met de goede kant tegen elkaar rondom aan elkaar zetten en dan het kussen draaien.

BEZUGSQUELLEN UND MATERIALANGABEN/SUPPLIES AND MATERIALS FOURNITURES ET LISTE DES MATÉRIAUX/KOOPINFORMATIE EN MATERIAALIJ

Zählstoffe/Evenweave/Etamine/Telstof • 170 cm 11 Fäden/11 count/11 fils par cm/11 draden
51 % Baumwolle & 49 % Modal/51 % cotton & 49 % modal/51 % coton & 49 % modale/51 % katoen & 49 % modal
Art. Q 13 grün/green/vert/groen **Art. Q 14** rot/red/rouge/rood **Art. Q 49** blau/blue/bleu/blauw

Aida-Stoffe/Aida blockweave/Toiles aida/Aida stofen • 100 % Baumwolle/100 % cotton/100 % coton/100 % katoen
Art. 17232.11.97 • 32,5 Loch/32,5 count/3,25 points par cm/3,25 weefselbosjes per cm
Art. 17231.11.97 • 54 Loch/54 count/5,4 points par cm/5,4 weefselbosjes per cm